I SPY

A BOOK OF PICTURE RIDDLES

视觉大发现

QIQU MI

奇趣谜

[美]吉恩·玛佐洛 文　[美]沃尔特·维克 图

代冬梅 译　金 波 审译

接力出版社
Publishing House

桂图登字：20-2007-043

图书在版编目（CIP）数据

奇趣谜／（美）玛佐洛文；（美）维克图；代冬梅译.—南宁：接力出版社，2007.8
（I SPY视觉大发现）
ISBN 978-7-80732-965-7

Ⅰ. 奇… Ⅱ.①玛…②维…③代… Ⅲ.智力游戏－儿童读物 Ⅳ.G898.2

中国版本图书馆CIP数据核字（2007）第122171号

责任编辑：姜 竹 曾先运　　美术编辑：卢 强

责任校对：张 莉　　责任监印：刘 元

版权联络：谢逢蓓　　媒介主理：李羽清

社长：黄 俭　　总编辑：白 冰

出版发行：接力出版社

社址：广西南宁市园湖南路9号　邮编：530022

电话：010-65546561（发行部）

传真：010-65545210（发行部）

网址：http://www.jielibj.com

E-mail：jieli@jielibook.com

经销：新华书店

印制：北京尚唐印刷包装有限公司

开本：889毫米×1194毫米　1/16

印张：2　字数：30千字

版次：2007年9月第1版　印次：2014年11月第28次印刷

印数：489 001—519 000册

定价：12.80元

目 录

满书都是图画谜，动动脑，看仔细，
所有谜底都找到，大侦探里我第一。

大侦探 找找看

积木乐园

十一只小熊端着手，一条小狗积木上走，

雪白的兔子竖耳朵，顽皮的海豹顶皮球。

红色瓶子圆圆身，工艺木棒圆圆头，

组成HAND的字母分散开，黄色橡皮筋扭一扭。

海螺，狮子，八只猫，
一条怪鱼戴小帽。

小木马，轻轻摇，轮子木马往前跑，

刻着方块的扣子不一般，没洞的扣子也挺好！

大侦探 找找看
边边角角

火车铁轨，长链子，

玩具木马，小铲子。

国王的王冠很显眼，还有一枚金戒指，
彩色拼图一小片，生日蜡烛有一支。

羽毛、海星和SANDY，全都埋在沙子里，

还有共计三十一美分的硬币。

叉子黄，螃蟹绿，宝宝的脚印很隐蔽，

拨浪鼓上挂铃铛，七个海螺、贝壳要找齐。

大侦探 找找看

美工角

三个字母组成的单词在哪里？

弯弯的小蛇回头望，一只白色大鸟压在底。

九颗金色的星星，橡皮泥上的猫咪，

一瓶蓝色小亮片，六条腿的小东西。

大侦探 找找看 布告栏

钥匙，邮票，一首关于雨（showers）的歌，

还有一个小男孩，手拿飞机乐呵呵。

一个女孩秋千上，两只条纹袜子很漂亮，

有个地方盖着雪，谁的脸上沾满酱？

一把银色指甲刀，丝巾上面的小鸟，
星星魔杖闪金光，芭蕾舞鞋藏一角。

生日蜡烛短又小，小兔面具鼻子翘，

心形盒子装宝贝，开锁的钥匙等你找。

趴在地上的小白鹅，东奔西跑的小青蛇，
骏马的影子倒立着，尖尖的箭头石头做。

两颗蛋，一蓝一白不同色，

一只老虎钻草丛，小小海龟背绿壳。

银色六爪抛接玩具，还有一只小羊羔，

蓝色图钉有妙用，黄色铅笔立得高。

红色瓢虫个儿很小，两个黑色箭头是路标，

一只小狗懒洋洋，来自东方的披毯金光耀。

大侦探 找找看 球球和圈圈

晾衣夹，有点蓝，一角银币靠边站，
还有一个可以告诉你时间的圆盘。

小瓢虫红艳艳，五角星星金光闪，
崭新的棒球白又大，汽车轮胎圆又圆。

宽边牛仔帽，红色小水枪，
六架飞机不一样，还有一根长球棒。

一支铅笔尖朝上，两个悠悠球站一行，
刻着星星的小哨子，挨着汽车的螺旋桨。

大侦探 找找看

小玩意儿

十一条鱼儿长着鳍，十个保龄球瓶柱肚子大，

一个金黄色回形针，雄鹰站在星星下。

红电话，蓝色8，黑色的蜘蛛往上爬，

粉色的婴儿鞋很好看，睁大眼睛找到它。

大侦探 找找看

神秘剪影

细长的蜡笔，空心的锚，

蛇儿弯弯，公山羊小，一个音符像逗号。

太阳镜遮光好，小小鸟笼住小鸟，

还有样东西每一页都有，是什么？快快找！

大侦探晋级大挑战

大侦探，我是谁？

我个子小小，颜色绿，家就住在泥塘里，
我悄悄溜进了每一幅画，我是一只 ______ 。

找找下面的物品都藏在哪幅画里的哪个地方

双层蛋筒冰激凌，双相电插头，六根火柴摆得开，黑色小虫往上走。

红松鼠，蓝桶子，小船里的一便士，还有一个小钉子。

三颗心，五个5，国王的王冠很威武，皮球和球棒在一处。

玻璃罐，旧花盆，一块骨头分了岔，一块石头有条纹。

袖珍蝴蝶，珍珠戒指，国王的王冠，带绳子的玩具。

线轴上的红线，一条鱼，工艺棒做成的女孩，用来剪东西的工具。

雪白的天鹅，印第安首领，傻乎乎的小丑两个，金色王冠有两顶。

美国国旗，充气式飞艇，价格标签一点点，安全别针亮晶晶。

孤零零的人字拖鞋，小海马，小个子渔夫去钓鱼，一个瓶盖装着沙。

胡萝卜，花鹦鹉，变成花盆的顶针，犄角大大的驯鹿。

椭圆的鸡蛋，圆珠笔，一头大象在倒立，鱼钩、母鸡做邻居。

漂亮的白手套，小白马，红衣小丑在欢呼，一对情侣穿婚纱。

倒过来的心，地球仪，红拖车，体育比赛的奖杯有三个。

生日猜谜会

大侦探，细细看，
一年一个大挑战，
《奇趣谜》十岁了，
找到所有的谜，来个大联欢！

《奇趣谜》十周年生日快乐！

大侦探，找找看，挂在墙上的双层蛋筒冰激凌，映出彩色皮球的物品，有个商店可以玩布谷鸟叫（PLAY CUCKOO FOR FUN），一个太阳长着黑色大眼睛。大侦探，找找看，三只小小的蓝蝴蝶，六根一排的订书钉，线轴摆在缝纫机上，一个苹果长着圆圆的大眼睛。大侦探，找找看，两个显示着1:50的座钟。大侦探，找找看，写着EXPERT的扣子，找到了，它就属于你！

成功！

沃尔特·维克 毕业于康涅狄格州纽黑文市的派尔艺术学院。他是“I SPY”系列图书的摄影师，同时还是Scholastic出版社《让我们去发现》和《超级科学》的摄影师。此外他还是《一滴水：自然和奇迹》的作者和摄影师，该书荣获了美国图书馆协会优秀书刊称号，同时获得了波士顿全球/豪恩非小说类图书奖。他的另外一本书——《沃尔特·维克的光学魔术》也获得了美国图书馆协会优秀期刊奖，同时还获得了《纽约时报》最佳插图书籍奖，以及父母评选优秀图书银奖。在从事儿童书籍创作之前，维克先生为《游戏》杂志设计照片游戏，并且为300多本书籍和杂志拍摄过封面，其中包括《新闻周刊》、《探索》和《今日心理学》。

吉恩·玛佐洛 毕业于哈佛大学教育研究生院。任Vassar大学儿童书籍出版和协作研究院的主任。她创作的很多儿童书籍多次获奖，包括“I SPY”系列的八本书，以及“I SPY”后续系列的五本书。此外，她还著有：《十只猫戴帽子》、《我是水》、《我是雪》、《在1492年》、《在1776年》、《生日快乐，马丁·路德·金》、《我的第一本传记书》、《假装你是只猫》、《闭上你的眼睛》、《家，温暖的家》、《太阳之歌》、《妈妈，妈妈》、《你知道吗？》。同时，她还与她的儿子丹和戴维一起创作了很多书籍，包括：《足球朋友》、《曲棍球英雄》、《篮球伙伴》、《篮球兄弟》。吉恩·玛佐洛与卡罗尔·卡森合作了19年时间，共同创办了Scholastic出版社的幼儿园杂志——《我们来找找看》。